AF261901

CONFÉRENCE

FAITE AU CERCLE SAINT-SIMON

le 24 Février 1894

par

A. REBIÈRE

PARIS

17, RUE DES ÉCOLES, 17

1894

LES FEMMES

DANS LA SCIENCE

CONFÉRENCE

FAITE AU CERCLE SAINT-SIMON

le 24 Février 1894

PAR

A. REBIÈRE

PARIS

17, RUE DES ÉCOLES, 17

—

1894

Dans cette conférence, nous complétons, sur un point, notre livre *Mathématiques et Mathématiciens*. Nous esquissons quelques figures peu connues, sérieuses il est vrai, mais non sans grâce.

HYPATIE

Mesdames et Messieurs,

Lorsqu'on étudie l'histoire des sciences, on rencontre des noms de femmes. Je me propose de réunir devant vous, dans une étude rapide, nos six mathématiciennes les plus célèbres.

La plus ancienne, sur laquelle nous ayons quelques renseignements positifs, est Hypatie d'Alexandrie.

L'antique Égypte est, comme vous le savez, le berceau des sciences. Les premiers philosophes grecs sont venus s'y initier secrètement à la géométrie et à l'astronomie. Plus tard, la Grèce a payé largement sa dette à l'Égypte. Alexandrie, la ville d'Alexandre, a été pendant de longs siècles un foyer intellectuel incomparable. La grande École d'Alexandrie a été double. On a écrit l'histoire, en plusieurs volumes, de l'École philosophique; je n'en ai guère retenu que ce trait : Un certain sage, à l'âme délicate, y rougissait d'avoir un corps. Quant à l'École scientifique où brillèrent Euclide, Apollonius, Diophante, Ptolémée et à laquelle se rattache Archimède lui-même, cette école attend encore son historien.

Au quatrième siècle après Jésus-Christ, Théon, un mathématicien connu, qui était aussi un naturaliste, enseignait à l'École d'Alexandrie. On lui attribue, peut-être à tort, un écrit sur les présages et la voix des corbeaux.

Théon eut une fille, Hypatie. Elle naquit vers l'an 375. Cette jeune grecque, qui devait grandement surpasser son père, reçut, de lui et de ses collègues, les premières leçons.

Il paraît — quoique le fait ait été contesté, — qu'Hypatie fit dans sa jeunesse le voyage d'Athènes pour s'y perfectionner. Elle dut y suivre les cours de Plutarque le jeune et de sa fille Asclépigénie, qui dirigeaient ensemble l'École philosophique. Les femmes ont toujours goûté Platon, et déjà, parmi les disciples directs du maître, on comptait plusieurs femmes, habillées en hommes, par exemple Axiothée et Lasthénie.

☙

A son retour d'Athènes, Hypatie fut invitée, par les magistrats d'Alexandrie, à professer publiquement.

Son enseignement comprenait deux parties successives.

Platon avait jadis écrit sur son école de philosophie : « Que nul n'entre ici, s'il n'est géomètre. » En conséquence, Hypatie enseignait d'abord les mathématiques, puis la philosophie proprement dite.

Nous ne dirons qu'un mot de la philosophie d'Hypatie. Elle était néo-platonicienne, tandis que Théon tenait pour la doctrine d'Aristote. Elle était éclectique et il semble, comme on l'a fait souvent remarquer, que la position d'Alexandrie, aux confins de trois continents, devait y produire le mélange des opinions. Cette philosophie était aussi un peu mystique, suivant les tendances de Platon et par suite de l'influence chrétienne. Nous devons constater qu'Hypatie a toujours repoussé la théurgie qui dominait alors, c'est-à-dire les génies, les enchantements et les prodiges. Nous avons encore, hélas, les mêmes chimères, sous d'autres noms.

Hypatie était, avant tout, une mathématicienne. Elle a enseigné ex cathedrà la géométrie, l'algèbre et l'astronomie. Les mathématiques, déjà constituées par les Grecs, ne devaient pas faire de progrès notables avant douze siècles, avant Descartes, Newton et Leibniz.

On attribue à Hypatie plusieurs inventions, d'abord celle de l'*aréomètre* ou pèse-liqueurs, d'après cette lettre : « Je suis malade. J'ai besoin d'essayer les eaux. Faites-moi faire un instrument de la forme et de longueur d'une flûte, etc. » Mais la lettre n'est pas écrite, comme on l'a dit, par Hypatie à Synésius. On a interverti les rôles, et du reste une conséquence aussi simple du principe des corps flottants devait être connue depuis Archimède. D'après des lettres de Synésius à des tiers, il est certain qu'Hypatie a imaginé un *planisphère* et un *astrolabe ;* pour le premier, on projetait la région équatoriale de la terre sur le cylindre circonscrit et le second était un cercle gradué pour mesurer les distances angulaires des astres. On a parlé aussi de deux autres instruments, un *niveau d'eau* et un *appareil à distiller*, mais nous croyons que c'est à tort.

Les historiens signalent trois livres d'Hypatie, probablement perdus pour toujours.

Le premier livre était un commentaire du *Traité des coniques d'Apollonius*. Le second livre était un commentaire des *Arithmétiques de Diophante*, qui sont le premier ouvrage connu d'algèbre ; permettez-moi de vous rappeler que Diophante, qui était perdu, a été seulement découvert à la fin du quinzième siècle. La troisième œuvre était un *Canon astronomique*, c'est-à-dire des Tables des mouvements des astres ; s'agit-il là d'une œuvre originale, comme on le croit généralement, ou d'un simple commentaire des tables de Ptolémée, comme quelques-uns le prétendent? Dans ce dernier cas, le travail d'Hypatie subsisterait peut-être encore, mêlé à celui de son père Théon, sur le même sujet.

Aucune femme, peut-être, n'a réuni autant de gloire, de beauté et de sagesse qu'Hypatie.

On vantait son éloquence. Sa voix était qualifiée de divine. Sa beauté était célébrée partout, mais on ne peut la préciser : il ne nous reste aucune statuette, aucune médaille. On accourait de toutes les parties du monde à ses leçons. Il suffisait de lui écrire « à la Philosophe » ou « à la Muse, à Alexandrie. » Elle était respectée et honorée, autant qu'admirée. Elle portait avec modestie et assurance son manteau de philosophe.

M. Weil a traduit pour nous ces vers de l'Anthologie : « Quand je te vois et que j'entends tes discours, j'adore : c'est l'éthérée constellation de la Vierge que je contemple ; car au ciel est vouée ta vie tout entière, auguste Hypatie, idéal d'éloquence, astre immaculé de la sagesse. »

On a cru lire, dans la vie d'Isidore par Damascius, qu'Hypatie avait été la femme de ce philosophe, mais il faut entendre *unie* dans le sens d'une communauté d'idées. L'historien prétend du reste que cet Isidore surpassait Hypatie, comme tout homme surpasse naturellement une femme et comme un philosophe surpasse une simple géomètre.

Il paraît qu'un étudiant d'alors s'étant épris d'amour pour Hypatie, qui aimait seulement la vérité abstraite, fut guéri par elle. Une première version est donnée dans un grec intraduisible ; d'après la seconde, le jeune homme aurait été apaisé par la musique.

On a produit une prétendue lettre d'Hypatie à l'évêque Cyrille où elle demande à se convertir au christianisme. Elle y parle de la condamnation de Nestorius ; or Nestorius est né 16 ans après la mort de la Savante.

☙

On ne connaît que les noms de quelques-uns des disciples d'Hypatie. L'un d'eux, dont les œuvres nous restent, Synésius, devint chrétien et évêque de Ptolemaïs. Il a composé des hymnes qui en font le précurseur du Lamartine des Méditations. Ses lettres sont la source principale sur Hypatie : sept lui sont adressées et dans quatre autres il parle d'elle. On y lit : « Nous avons vu, nous avons entendu celle qui préside aux mystères sacrés de la philosophie. » Ailleurs : « Elle est sainte et chère à la divinité. » Et cette apostrophe : « Ma bienfaitrice, mon maître, ma sœur, ma mère ! » Heureusement pour lui, Synésius devait mourir avant Hypatie.

Alexandrie était une ville profondément troublée. On y professait trois religions rivales, le judaïsme, le paganisme et le christianisme qui triomphait. Il s'élevait entre l'évêque et le préfet de redoutables conflits d'attributions. L'évêque était Cyrille, fougueux et dominateur ; le préfet, qui s'appelait Oreste, était chrétien, mais il savait maintenir les droits de l'État.

Un maître d'école, Hierax, s'étant mal tenu devant le gouverneur, promulguant ses décisions au théâtre, fut frappé de verges. Des moines ayant osé attaquer à coups de bâton Oreste et sa suite, l'un d'eux. Amonius. fut mis à mort.

Sur ces entrefaites, en mars 415, pendant le carême, le lecteur Pierre, suivi d'une foule furieuse, arracha Hypatie de son char. Elle fût traînée dans la Césarée, l'église de César, et là, dépouillée de ses vêtements, elle fut tuée à coups de pierres. Ses membres sanglants, portés au Cinaron, furent ensuite brûlés, dans ce lieu des supplices. Le crime était consommé !

L'historien Socrate, un chrétien pur et qui n'aimait

guère Cyrille, ne v pas jusqu'à l user. Il flétrit la
populace du port et les *parabolans*, des garde-malades
turbulents. Faut-il se borner à dire, avec un sceptique :
« La faute en est au temps, à tous et à personne ? »
Nous croyons qu'Hypatie a été une martyre de la
Science, qu'elle a été prise par la foule stupide pour
une magicienne, empêchant par ses maléfices astrono-
miques la réconciliation des deux chefs d'Alexandrie.

Quelques années plus tard, une autre savante, plus
heureuse, Athénaïs-Eudoxie, devenait impératrice d'O-
rient.

On ne peut s'empêcher de penser, à propos d'Hypatie, à Archimède, qui fut une victime encore plus
glorieuse de la Science. Vous savez qu'à la prise de
Syracuse, Archimède, le plus grand mathématicien de
l'Antiquité, fut tué par un soldat romain qui le trouva
absorbé dans un problème de géométrie et traçant des
figures sur le sable : le soldat le prit pour un sorcier
malfaisant.

Il faut le reconnaître, la mort violente d'un savant
est un fait exceptionnel. La marquise de Fonceca, une
naturaliste qui a travaillé avec Spallanzani, a été pen-
due à trente ans, en 1799, à Naples. Elle était du parti
français et lors de la chute de la république parthéno-
péenne, elle avait été condamnée à mort, malgré un
traité formel.

❧

La mort tragique d'Hypatie n'a tenté ni le drame
au théâtre, ni la musique, ni la peinture. La savante
n'est représentée dans aucun de ces trois tableaux :

l'Hémicycle de l'École des beaux-arts, l'École d'Athènes, l'Apothéose d'Homère. Presque seul, le peintre contemporain anglais, C. W. Mitchell, a peint Hypatie, nue dans la Césarée et implorant le grand Christ impassible, aux bras tendus.

Nous avons trois romans historiques. Dans le sien, l'anglais Kingsley attaque le christianisme naissant et dirait volontiers que les livres d'Hypatie ont été brûlés par l'Inquisition d'alors. De son côté, Drouhaut, dans un pastiche des Martyrs de Chateaubriand, raconte qu'Hypatie, devenue chrétienne, a été tuée par les Cyniques. C'est ainsi qu'on joue avec l'histoire. Enfin M. Barrès a écrit *Sous l'œil des Barbares*; Athénée, — lisez Hypatie, — c'est le moi, et les Barbares, sont le non-moi. Vous comprenez!

Les études allemandes sur Hypatie sont assez nombreuses. L'un des érudits avoue que la plus heureuse année de sa vie est celle qu'il a passée avec Hypatie. Un préfet français, M. Ligier, a fait une thèse de doctorat sur le sujet.

Voici, pour bien finir, quelques vers de Leconte de Lisle :

> Dors, ô blanche victime, en notre âme profonde,
> Dans ton linceul de vierge et ceinte de lotos ;
> Dors ! l'impure laideur est la reine du monde,
> Et nous avons perdu le chemin de Paros.

> Les Dieux sont en poussière et la terre est muette :
> Rien ne parlera plus dans ton ciel déserté.
> Dors ! mais vivante en lui, chante au cœur du poète
> L'hymne mélodieux de la sainte Beauté.

Elle seule survit, immuable, éternelle ;
La mort peut disperser les univers tremblants,
Mais la Beauté flamboie, et tout renaît en elle,
Et les mondes encor roulent sous ses pieds blancs !

ÉMILIE DU CHATELET

Au dix-huitième siècle, on remarque une savante
moins vertueuse qu'Hypatie. Je dirai les travaux de
mathématiques et de physique qui défendent la mémoire de la marquise du Châtelet.

Gabrielle-Émilie Le Tonnelier de Breteuil, fille d'un
introducteur des ambassadeurs, est née à Paris, en 1706.

Un de ses biographes nous raconte cette anecdote :
« Un assez grand compas de bois, à grosse tête, mais
dégarni de ses pointes, tomba sous la main de quelqu'un de la maison. On s'avisa d'habiller ce compas en
poupée et de le faire servir de jouet pour la petite Émilie. L'enfant, l'ayant examiné pendant quelque temps,
commença par le dépouiller, avec une sorte d'indigna-
tion ou d'impatience, des draperies importunes dont
on l'avait affublé ; et après l'avoir retourné plusieurs
fois entre ses mains débiles, elle vint à en découvrir
l'usage ; et, comme par instinct, on la vit tracer, avec
cet instrument dégradé, une figure informe, mais dans
laquelle cependant on n'eut pas de peine à reconnaître
un cercle, qui est, comme on sait, la figure la plus par-
faite en géométrie. »

La première instruction de Mademoiselle de Breteuil
fut soignée. Elle apprit le français et en outre le latin,
l'anglais et l'italien. Madame de Genlis raconte, dans
ses mémoires, que son grand-père, M. de Mézières,

a donné à la jeune fille les premières leçons de Sciences.

Mademoiselle de Breteuil épouse, à dix-neuf ans, le Marquis du Châtelet-Laumont, lieutenant général des armées du Roi. Elle a un tabouret chez la reine et elle mène à la Cour une vie brillante et dissipée.

En 1733, Madame du Châtelet devient pendant une quinzaine d'années, jusqu'à sa mort, l'amie de Voltaire.

Le château de Cirey est voisin de Chaumont, dans le plat et monotone pays de Champagne, à deux pas de la frontière lorraine. M. du Châtelet y offrit l'hospitalité à Voltaire que la Marquise vint bientôt rejoindre.

La pièce principale de l'appartement était une longue galerie servant de laboratoire de physique. L'abbé Moussinot y recevait et y rangeait des ballots d'instruments, machines pneumatiques, télescopes, etc. Pendant ce temps, un jeune homme, nommé Cousin, faisait à Paris des expériences pour le compte de Cirey.

Quelques citations nous indiqueront quelle était la vie habituelle au château. « L'un fait des vers, dit Hénault, l'autre des triangles. » Le valet de chambre, Longchamps, une venimeuse commère, constate que « Madame du Châtelet passait une grande partie de la matinée au milieu de ses livres et de ses écritures. » Madame Denis : « Non seulement Émilie travaillait le jour, mais elle passait les nuits à son secrétaire et n'entrait dans son lit qu'à cinq ou six heures du matin. » Enfin Madame de Graffigny : « Elle tourne la tête à Voltaire avec la géométrie, elle n'aime que cela. » Pourtant, la Marquise faisait quelquefois une longue course aux environs, sur l'*Hirondelle*, sa jument favorite.

Le soir était consacré à la conversation, comme nous l'apprennent les petits vers de Voltaire :

> Mais je vois venir, le soir,
> Du plus haut de son aphélie
> Notre astronomique Émilie,
> Avec un vieux tablier noir,
> Et la main d'encre encor salie ;
> Elle a laissé là son compas
> Et ses calculs et sa lunette.
> . . . .

On peut dire que Voltaire était, pour les sciences, l'élève de Madame du Châtelet et, il faut l'avouer, un élève assez médiocre. Toujours en désaccord, sur la philosophie de Leibniz, sur la théorie du feu et sur la force vive, ils ne se réconcilièrent qu'en Newton, qu'ils ont ensemble popularisé en France. Quelque part, Voltaire s'étonne, à propos de la réfraction de la lumière, de ce que le sinus, qui est la mesure de l'angle (*sic*), ne lui soit pas proportionnel ; ailleurs, il refuse d'admettre qu'on puisse mener d'autres lignes, entre une circonférence et le cercle tangent. Voilà l'homme qui voulait être, dit-on, Secrétaire perpétuel de l'Académie des sciences, malgré Clairaut lui disant : « Laissez les sciences à ceux qui ne peuvent pas être poètes ! »

Le Prince royal de Prusse envoyait un encrier d'ambre à Vénus-Newton, comme il disait, et lui promettait de lire la physique de Muschenbroeck, l'hiver suivant. Il préféra alors réfuter Machiavel, sans doute pour mieux s'en pénétrer.

L'italien Algarotti, un des hôtes du Château, est l'auteur du *Newtonisme pour les dames*; il essaye en vain d'imiter l'élégant badinage de Fontenelle.

Les deux principaux maîtres et correspondants de Madame du Châtelet sont Maupertuis et Clairaut, deux mathématiciens de valeur, dévoués aux doctrines de Newton. Citons aussi Jean Bernoulli, Kœnig et le père Jacquier.

La marquise appelait volontiers sa cour de savants les *Émiliens* et elle se proposait d'écrire des mémoires qu'elle aurait intitulés *Emiliana*.

Il y a aux Estampes de la Bibliothèque nationale une vingtaine de gravures et de dessins représentant Madame du Châtelet. Ils sont faits, pour la plupart, d'après le pastel de Latour ou le portrait dû à Marianne Loir. Quant aux portraits écrits, vous connaissez celui si méchant où Madame du Deffand ne donne pas à notre physicienne le prix de physique. Madame de Graffigny, déjà nommée, ne flatte pas non plus le modèle : « C'était un colosse en toutes proportions ; c'était une merveille de force ainsi qu'un prodige de gaucherie ; elle avait des pieds terribles et des mains formidables ; elle avait la peau comme une râpe à muscade ; enfin la belle Émilie n'était qu'un vilain cent-suisse. » Écoutons plutôt Madame Louise Colet : « Madame du Châtelet était grande, svelte et brune. Nous avons vu un fort beau

pastel qui la représente à vingt ans. Le jour où l'artiste
a tracé pour la postérité cette vivante image, la marquise portait une agaçante robe bleue, pomponnée de
blanc ; ses cheveux légèrement poudrés faisaient paraître plus éclatant encore son grand œil noir qui rayon-
nait sous un épais sourcil ; sa bouche expressive souriait ; sa taille souple et fine s'épanouissait dans un
corsage de soie. Telle elle était alors, telle elle fut jusqu'à la fin de sa vie si courte, car sa beauté consistait
surtout dans une vive physionomie, mélange de force
et de grâce. »

La Nationale conserve la plupart des manuscrits de
la marquise. Elle a une grosse écriture qu'elle rature
sans pitié.

Au moral, Madame du Châtelet était pleine de na-
turel, de simplicité et de franchise. Son caractère était
résolu et logique. Elle aimait la vérité et la justice.
Elle refusa de lire un libelle publié contre elle et ne
voulut pas qu'on punît le coupable.

Elle avait conservé, malgré ses études, une certaine
frivolité. Son goût pour la parure et les diamants était
très vif. Et puis, elle riait de si bon cœur aux marion-
nettes !

Après ces trop longs préliminaires, parlons enfin des
travaux scientifiques de Madame du Châtelet. Ils sont
au nombre de quatre principaux.

L'Académie des sciences avait proposé « *Le feu* »,
comme sujet d'un de ses concours. Voltaire avait composé
un mémoire, mais la marquise n'en fut pas satisfaite et

résolut d'étudier à son tour la question, secrètement. Aucun des deux mémoires n'obtint le prix, parce qu'il y avait un troisième concurrent qui s'appelait Euler. « Le numéro 6, dit le rapport, est d'une dame du plus haut rang, il est rempli de vues et de faits. » « Le travail d'Émilie, dit à son tour Arago, n'est pas seulement un élégant tableau de toutes les propriétés connues alors des phys'ciens : on y remarquait encore divers projets d'expériences, une entre autres qu'Herschel a fécondée. » Le *Mémoire sur le feu* est imprimé dans les Collections de l'Académie : la marquise y soutient que la chaleur et la lumière ont la même cause.

Le second ouvrage s'appelle *Institutions de physique*. Nous retrouverons le mot pris dans son sens étymologique de fondements ou de principes. Le livre est dédié par Madame du Châtelet à son fils. « J'ai toujours pensé que le devoir le plus sacré des hommes était de donner à leurs enfants une éducation qui les empêchât dans un âge plus avancé de regretter leur jeunesse, qui est le seul temps où l'on puisse véritablement s'instruire ; vous êtes, mon cher fils, dans cet âge heureux où l'esprit commence à penser et dans lequel le cœur n'a pas encore des passions assez vives pour le troubler. » La physique positive n'était pas encore découverte. La marquise exposait la philosophie de Leibniz et dissertait sur le temps, l'espace et la force.

Faut-il mesurer la force par le produit de la masse et de la vitesse ou par le produit de la masse et du carré de la vitesse ? Cette discussion entre la *quantité de mouvement* et la *force vive* divisait les bons esprits : d'un côté, Descartes, Newton et en sous-ordre Voltaire ;

de l'autre, toute l'École de Leibniz et Madame du Châtelet. Certains effets dépendent de la première expression, mais les plus importants dépendent de la seconde, en particulier le travail mécanique. L'avenir devait donner raison à la marquise : dans le monde physique, la quantité de matière et la quantité de force vive sont permanentes et ne font que se transformer.

On appelait philosophie naturelle au 17e et au 18e siècles, l'étude physique, mécanique et mathématique de la nature. Dans le livre de Newton, intitulé *Principes de la philosophie naturelle*, resplendissent les deux plus grandes découvertes du génie humain, le principe de l'attraction universelle qui règle l'équilibre et le mouvement des astres et des atomes, et le principe des fluxions ou du calcul des infiniment grands et des infiniment petits. Le livre des *Principes*, comme on dit pour abréger, n'a que cinq cents pages, d'une synthèse géométrique très serrée. Pour traduire ce livre du latin, comme l'a fait Madame du Châtelet, il fallait le comprendre à fond pour le faire comprendre aux autres. Cette traduction n'a paru qu'en 1759, après la mort de la marquise. Elle y a joint un commentaire qui n'a pas été assez remarqué. Il est probable que Newton a fait d'abord sa théorie à l'aide du calcul infinitésimal dont il est l'inventeur avec Leibniz, mais qu'il l'a transposée pour la présenter sous la forme consacrée par les Anciens. La marquise a reconstitué, d'après les idées de Clairaut, le travail primitif de Newton et l'a intitulé : *Solutions analytiques des principaux problèmes du système du monde*. Elle composait chaque chapitre, dont elle faisait tous les calculs, puis le soumettait à la revision de Clairaut.

Mademoiselle Delaunay, une scientifique aussi, comme nous disons dans notre jargon moderne, une scientifique spirituelle, raille dans ses mémoires la savante Émilie, alors à la petite cour de Sceaux. « Elle fait actuellement la revue de ses *Principes* : c'est un exercice qu'elle réitère chaque année, sans quoi ils pourraient s'échapper et même s'en aller si loin qu'elle n'en retrouverait pas un seul. Je crois bien que sa tête est pour eux une maison de force et non pas le lieu de leur naissance. » Duverney disait que Mademoiselle Delaunay était la fille de France qui connaissait le mieux le corps humain. La même, toujours dans ses aimables mémoires, raconte qu'un jeune chevalier l'accompagnait quelquefois le soir, lorsqu'elle rentrait chez ses parents. Il fallait traverser une place carrée et on en suivait deux côtés consécutifs, pour faire durer la conversation ; or, un soir, le galant plus pressé prit la diagonale. Mademoiselle Delaunay en conclut en souriant que l'amour a diminué de l'excès du double côté du carré sur sa diagonale.

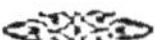

Madame du Châtelet a laissé quelques menus écrits et sa correspondance.

Le petit *Traité du bonheur* est sec et positif. Les conditions nécessaires et suffisantes sont énoncées d'abord, puis démontrées par ordre. Voici deux citations assez piquantes. « Nous n'avons rien à faire en ce monde qu'à nous procurer des sensations agréables. » Ailleurs : « A l'égard des malades, des cacochymes que

tout incommode, ils ont d'autres espèces de bonheur :
avoir bien chaud, bien digérer leur poulet, aller à la
garde-robe est une jouissance pour eux. » Son ton
s'élève pourtant, lorsqu'elle célèbre les bienfaits de
l'étude, pour les femmes surtout : « Quand, par ha-
sard, il s'en trouve quelqu'une née avec une âme assez
élevée, il ne lui reste que l'étude pour la consoler de
toutes les exclusions et de toutes les dépendances aux-
quelles elle se trouve condamnée par état. »

Les *Lettres de Madame du Châtelet* ont été publiées
par M. Asse, avec une préface, des notes et des index.
On y voit avec quelle passion la marquise cher-
chait à s'instruire auprès de tous les savants compé-
tents. Je regrette que l'éditeur consciencieux se croie
autorisé à sauter çà et là plusieurs passages, sous
prétexte qu'ils sont scientifiques. Il faut alors consulter
les manuscrits, à la Nationale.

Enfin le petit écrit intitulé *Preuves de l'existence de
Dieu* est un exposé des preuves classiques. La marquise
est déiste, mais elle est aussi sensualiste et épicurienne.

Madame du Châtelet mourut prématurément en 1749,
au Palais de Lunévillle, après la naissance d'une fille.
Ce fut une imprudence qui l'emporta : elle but un
verre d'orgeat glacé, dans l'ardeur de la fièvre.

La pauvre marquise fut couchée sur un brancard de
fleurs et enterrée dans la chapelle voisine.

Pour les gens superficiels, on peut résumer Madame du Châtelet dans ce distique :

> De l'esprit et des appas,
> L'éventail et le compas,

le compas étant simplement une singularité.

Il faut avouer qu'il n'y a pas dans la vie de la marquise cette unité qui plaît. D'une part, un moraliste l'apostrophe « Femme sans foi, sans mœurs, sans pudeur ! » Nous devons reconnaître en effet que Madame du Châtelet a jeté quelquefois son compas par dessus les moulins. D'autre part, la savante, en tant que savante, mérite l'admiration de tous. Voltaire a dit : « Une femme qui a traduit et éclairci Newton, en un mot un très grand homme. » Ampère affirme à son tour que : « Madame du Châtelet est un génie en géométrie. »

On a proposé, en 1889, ce sujet de composition pour l'entrée à l'École de Sèvres : « Jamais femme ne fut si savante et ne mérita moins qu'on dise d'elle : c'était une femme savante. » Il y a là, en effet, puisque Molière l'a voulu, une distinction qu'on ne saurait trop faire. Mademoiselle de Virieu, une des nôtres, a dit quelque part : « Il y a des pédantes de ménage et de lessive ; il y a même, dans mon pays de Gascogne, des pédantes de canard gras. »

# MARIE AGNESI

Dans ce même dix-huitième siècle, qu'elle a parcouru presqu'en entier, a vécu aussi une savante et pieuse fille, nommée Agnesi. Elle est née à Milan, en 1718, d'une famille noble et elle a reçu les prénoms de Marguerite, Gaétane, Angiola, Marie.

Son père, riche et d'esprit élevé, avait le goût des sciences. Il s'est marié trois fois et il a eu vingt-trois enfants dont une autre fille, Marie-Thérèse, musicienne et auteur de trois opéras.

Marie s'est fait remarquer, dès l'enfance, par sa soumission complète à son père et par son dévouement à ses nombreux frères et sœurs.

❧

On a surnommé Marie Agnesi l'oracle des sept langues. Elle savait, en effet, le latin, l'hébreu, l'allemand, l'espagnol. Elle avait aussi appris le grec, pour mieux savoir le latin, et elle a dit, chaque soir de sa vie, l'office de la Vierge en grec. Enfin, elle parlait encore le français et la *nobile fanciulla* recevait, à peine âgée de cinq ans, ce compliment : « Une nymphe ne parle pas sur les bords de la Seine d'une manière plus douce..... Que dois-je croire de ce que je vois ou de ce que j'entends ? »

A dix-neuf ans, Marie avait soutenu dans son salon cent quatre-vingt-onze thèses philosophiques, pas une de moins. Elle se demandait dans l'une, comme plusieurs de nos contemporains : « Si l'étude des arts libéraux convient aux femmes. » Le recueil a été imprimé à Milan chez Malatesta et réimprimé à Padoue. Il s'agit, bien entendu, d'une philosophie superficielle où. après avoir énoncé les principales opinions, on discute le pour et le contre.

Un pamphlet contre les femmes de sciences avait paru sous le voile de l'anonyme. C'est le comte Robbio de Saint-Raphaël qui avait publié cette *Disgrâce d'Uranie,* mais il y avait adressé une apostrophe admirative à Agnesi. considérée comme une exception. Proudhon dira plus tard. à son tour : Hypatie et Agnesi, ce sont des *contradictions !*

Vous écouterez avec plaisir cette citation des *Lettres d'Italie,* par de Brosses : « Je veux vous faire part, mon cher Président, d'une espèce de phénomène littéraire dont je viens d'être témoin et qui m'a paru *una cosa più stupenda* que le dôme de Milan. et en même temps j'ai manqué d'être pris sans vert. Je reviens de chez la signora Agnesi, où je vous avais dit hier que je devais aller. On m'a fait entrer dans un grand et bel appartement, où j'ai trouvé trente personnes de toutes les nations de l'Europe, rangées en cercle. et mademoiselle Agnesi assise seule avec sa petite sœur. sur un canapé. C'est une fille de dix-huit à vingt ans. ni laide ni jolie, qui a l'air fort simple et fort doux. On a d'abord apporté force eau glacée, ce qui m'a paru de bon augure. Je m'attendais, allant là. que ce n'était que pour converser tout ordinairement avec cette demoiselle ; au lieu de cela, le comte Belloni, qui m'y amenait, a voulu faire une espèce d'action publique ; il a débuté par adresser à cette jeune fille une belle harangue en latin, pour être compris par tout le monde. Elle lui a répondu fort bien ; après quoi, ils se sont mis à disputer dans la même langue sur l'origine des fontaines et sur les causes du flux et reflux que quelques-unes ont comme la mer. Elle a parlé comme un ange sur cette matière ; je n'ai rien ouï là-dessus qui m'ait plus satisfait. Cela fait, le comte Belloni m'a prié de disserter de même avec elle sur quelque sujet qui me plairait. pourvu que ce fût sur un sujet philosophique ou mathématique. J'ai été fort stupéfait de voir qu'il me fallait haranguer impromptu et parler dans une langue dont j'ai si peu usage. Cependant. vaille que vaille. je lui ai fait un beau compliment; puis nous avons d'abord disputé sur la manière dont l'âme peut être frappée des objets corporels et les communiquer aux organes du cerveau ; et ensuite sur l'émanation de la lumière et sur les couleurs primitives. Loppin a disserté avec elle sur la transparence des corps et sur les propriétés de certaines courbes géométriques, où je n'ai rien entendu....... »

⌘

Pour obéir à son père, Marie Agnesi passe de la philologie et de la philosophie aux sciences proprement dites. pour lesquelles elle se passionne bientôt. « L'algèbre et la géométrie, dit-elle, sont les seules provinces de la pensée où règne la paix. »

Il y a une courbe intéressante qui s'appelle la Boucle d'Agnesi. Demandez à un de nos étudiants : « Agnesi, qui est-ce ? » Il ne vous répondra pas que c'est une femme. Pourtant M. Fouillée veut qu'on dise quelques mots d'Agnesi et de Sophie Germain, dans nos lycées.

Le marquis de l'Hôpital a écrit, le premier, un *Traité des infiniment petits* qui est resté assez longtemps le seul. La marquise, qui comprenait les mathématiques, en a surveillé l'impression, pendant un voyage de M. de l'Hôpital. Elle a réfuté, dans le *Journal des Savants*, un mémoire de géométrie d'un professeur du Collège de France.

En 1748, Marie Agnesi a publié ses *Institutions Analytiques* qui ont vite remplacé les traités de l'Hôpital et du P. Reyneau. Les Institutions comprennent deux volumes, le premier traitant de l'algèbre et de ses applications à la géométrie (quantités finies), et le second des calculs différentiel et intégral (infiniment petits et infiniment grands). On y remarque l'équation de Riccati, publiée pour la première fois. Le livre, dédié à l'impératrice Marie-Thérèse, a coûté dix ans de travail et a été imprimé dans la maison même d'Agnesi, où l'imprimeur avait transporté ses presses. Il a été fait une traduction anglaise par Colson et une traduction française du second volume par d'Anthelmi, avec des notes de Bossut. Voici comment s'exprime le rapporteur de l'Académie des sciences de Paris : « L'ordre, la clarté, la précision règnent dans toutes les parties de l'ouvrage. On n'a point encore vu paraître dans aucune langue des Institutions analytiques qui puissent mener aussi vite et conduire aussi loin. . . . Nous le regardons comme le traité le plus complet et le mieux fait qu'on ait en ce genre. . . . » Dans la préface, Marie dit modestement : « J'avais commencé le livre pour mon amusement particulier et pour l'instruction d'un frère qui avait des dispositions pour les mathématiques. » Nous n'avons pas besoin de faire remarquer que, lorsqu'il s'agit d'une science nouvelle et difficile, comme le Calcul infinitésimal, les premiers ouvrages d'enseignement prennent une importance capitale.

Le pape Benoit XIV félicita la mathématicienne et lui fit don d'une couronne de pierres précieuses et d'une médaille en or. « Nous entreprîmes dans la fleur de notre jeunesse, dit-il, l'étude de l'Analyse, mais nous dûmes malheureusement l'abandonner. Nous ne savons plus de l'Analyse que ce qu'il faut pour comprendre son importance et pour sentir combien il est glorieux à notre Italie d'en posséder des professeurs. Autant que nous avons pu en juger, en parcourant la table de l'ouvrage et en lisant quelques chapitres des quantités finies, nous croyons sincèrement que votre livre honorera l'Italie. »

Un peu plus tard, le même pape nomma Agnesi lectrice en mathématiques à l'Université de Bologne. Il faut entendre ici *lecteur* dans le sens de professeur, mais Marie n'a pas enseigné en chaire, malgré l'invitation du pape : « Ce n'est pas vous qui devez nous remercier, c'est au contraire nous qui vous devons tous nos remerciements. Dès les temps les plus reculés,

Bologne a entendu des personnes de votre sexe dans ses chaires p: bliques. Il vous appartient de continuer dignement la tradition. » Le diplôme était joliment relié en parchemin et muni du sceau attaché avec un cordon de soie et d'or.

On dit Bologne-la-savante, à cause de sa très vieille université, fondée par la comtesse Mathilde. En 1888, on a fêté le huitième centenaire de cette université; nos étudiants français y ont pris part, oubliant la rivalité qui a régné, pendant tout le moyen âge, entre Bologne et Paris.

Voici, sans tenir compte des dates, les noms de quelques-unes des femmes qui ont professé publiquement à Bologne, faisant ainsi mentir le dicton : « robe sur robe ne vaut. »

Dans les langues, la philosophie et la théologie : Priscopia Cornaro, maîtresse ès arts libéraux; Clotilde Tambroni, l'helléniste, qui a pour disciple Mezofanti.

Dans le droit : Dotta, fille d'Accurse; Bittizia Gozzadini, à l'occasion de laquelle on a publié un écrit intitulé *De mulierum doctoratu;* les deux sœurs, Bettina et Novella Calendrini. Il paraît que Novelle était si belle, que, pour éviter les distractions, on devrait tendre un léger rideau entre elle et les auditeurs.

Dans les sciences naturelles et la médecine : Alexandra Gigliani, Maria Petraccini, Anna Manzolini et Sybille Mérian. Cette dernière, une allemande, est allée étudier les insectes à Surinam ; elle a publié un ouvrage important et a laissé ses collections à l'École de Bologne.

Dans la physique et les mathématiques : Laure Bassi qui a épousé le docteur Verati et a enseigné pendant quarante ans la physique, tout en étant le modèle des épouses et des mères; les deux astronomes Thérèse et Madeleine Manfredi, sœurs du Directeur de l'Observatoire, qui a publié une *Astronomie pour les dames*.

Agnesi était aussi modeste qu'elle était célèbre. Elle était simple, bonne, presque timide. Elle était d'une beauté touchante, avec sa physionomie douce et candide. Sa taille était élancée. Ses yeux noirs et ses cheveux noirs faisaient ressortir l'éblouissante blancheur de son teint. Elle avait un doux sourire. On admirait sa noblesse et sa grâce:

Fontenelle (ou Fontanieu ?) faisait, à l'occasion de notre héroïne, cette intéressante déclaration : « Les *Institutions* dédommagent les Sciences de la perte qu'elles viennent de faire en la personne de la marquise du Châtelet. Si les lois de l'Académie avaient permis d'y admettre des dames, c'eût été un triomphe pour Mademoiselle Agnesi. »

Agnesi a eu deux grandes maladies, qui sont comme la rançon de son génie. Une première fois, elle a été atteinte d'une anémie profonde, causée par la vie sédentaire et le travail : les médecins lui ont ordonné le cheval et le bal. Marie a-t-elle abusé d'un remède qui lui plaisait ? Quoi qu'il en soit, à la première maladie a succédé une maladie nerveuse : la jeune fille est devenue somnambule et s'est sentie excitée à sauter en l'air, plusieurs fois par jour. Elle guérit pourtant à la longue, grâce à Saint Gaétan, son patron, affirme un biographe.

A la suite de sa double maladie, Agnesi devint mélancolique et elle changea de voie, comme le grand Pascal. Le vulgaire attribua le changement à un amour contrarié, et Pallavicini, l'Intendant de la province, en parla au père d'Agnesi. Ce dernier en fut tellement indigné, qu'il eut une attaque qui abrégea sa vie.

Dès l'âge de vingt ans, en plein succès, Marie avait demandé à entrer en religion et son père n'avait pu la retenir qu'en lui accordant trois faveurs: porter un habit humble, être dispensée du bal et du théâtre, enfin aller à l'église à volonté. Dans quelques chambres éloignées qu'on lui avait cédées, Marie soignait plusieurs femmes infirmes et instruisait une fille presque stupide. Elle édifiait déjà tout le monde, mais elle n'osait refuser à son père quelques-uns de ces exercices publics qu'il aimait tant.

A la mort de son père, Marie entra dans l'ordre assez rigoureux des religieuses appelées Célestes ou Turquines, d'après la couleur de leur robe. Elle renonça complètement à la science humaine et elle devint la supérieure de l'hôpital Trivulzi. Après avoir abandonné tous ses biens aux malades, on la vit mendier pour eux. Elle avait vendu à un Anglais le cadeau de l'Impératrice, une boîte de cristal de roche ornée de brillants et un anneau de diamants.

Agnesi avait retrouvé une certaine gaîté. Le fils du

roi de Suède lui ayant demandé un mot sur son album,
elle écrivit : « Il vaut mieux croire beaucoup que
peu. » Le prince était protestant. — Le sculpteur
Conqui, voulant faire le buste d'Agnesi à son insu,
vint la voir plusieurs fois, sous différents prétextes.
Elle surprit le manège, se borna à sourire et consentit
à poser.

Sa maxime favorite était : « Une âme dévouée au
service de Dieu doit être saintement libre et ne pas
plus s'embarrasser des blâmes que des éloges. »

Agnesi étudiait avec ardeur les Pères de l'Église et
elle a laissé quelques écrits religieux, en particulier
une consultation de vingt-quatre pages que l'arche-
vêque de Milan lui avait demandée sur un ouvrage de
Gorini. Cet ouvrage intitulé *Politique, droit et religion*
avait été condamné par l'Index, après avoir été ap-
prouvé par les Facultés ecclésiastiques. « L'auteur a
bien eu l'intention de convaincre les hérétiques, mais,
dans l'exécution de son dessein, il n'a pas rempli le
but qu'il se proposait..... Il avance quelques points
qui pourraient être préjudiciables aux âmes, surtout
parce que son livre, étant écrit en langue vulgaire,
pourrait troubler la piété des esprits faibles et des
femmes. »

Marie Agnesi, la servante des pauvres, est morte
dans son cher hôpital, d'une hydropisie de poitrine,
à 81 ans, en 1799.

⸙

Frisi a composé sur Agnesi une notice, assez détaillée, mais un peu confuse, qui a été traduite en français par Boulard.

Le cardinal Dumini avait placé le buste de la savante dans sa galerie des plus illustres Lombards.

On a inscrit ces mots, sur la pierre tombale : « Fille remarquable par sa piété, sa science et sa bienfaisance. » Ne pourrait-on pas aller plus loin et canoniser notre Agnesi ? J'estime, moi profane, que ce serait une sainte qui en vaudrait bien d'autres !

SOPHIE GERMAIN

Dans la seconde moitié du siècle dernier, un orfèvre, nommé Germain, vendait à l'enseigne du *Chat d'or*, rue Saint-Denis. Il n'était pas parent de ses homonymes, les orfèvres du Roi. Notre Germain fut membre de la Constituante et y prononça un discours contre les faiseurs d'affaires. Il fut plus tard un des Directeurs de la Banque de France.

Une fille, nommée Sophie, lui naquit en 1776. En grandissant, elle se passionna, comme tous les siens, pour les idées de 89. Mais lorsque vint la Terreur, l'enfant, qui n'avait que treize ans, fut indignée et épouvantée. Elle ne voulut plus sortir et se plongea dans l'*Histoire des mathématiques* de Montucla. Le récit de la mort d'Archimède l'avait frappée et elle se sentait pleine d'admiration pour une science qui, absorbant l'homme tout entier, peut le consoler des plus grandes douleurs. Plus tard, pendant la révolution de juillet 1830, Sophie Germain composera un mémoire de mathématiques, mais n'anticipons pas. La jeune Sophie prit la ferme résolution de comprendre ces sciences si attirantes et, malgré l'opposition de sa famille, elle lut Bezout la nuit, enveloppée dans ses couvertures, pendant que l'encre gelait dans l'encrier. Voilà certes une vocation.

A cette époque, on créait notre grande École poly-

technique dont le centenaire tombe le mois prochain.
Lagrange surtout était vivement goûté, il distribuait
ses leçons autographiées et excitait les élèves à lui demander par écrit des explications. Sophie devint ainsi
un des correspondants anonymes du célèbre géomètre.

Une science nouvelle allait naître, la physique mathématique, dont Sophie Germain devait être un des
créateurs.

Les expériences de Chladni occupaient les esprits.
Vous savez que si une plaque métallique mince est pla-
cée horizontalement, saupoudrée de sable fin, saisie en
un point de son contour par un étau et attaquée en un
autre point avec un archet qui la fait vibrer, on voit le
sable se disposer en courbes régulières. Sur l'ordre de
l'Empereur, l'Académie des sciences avait mis au concours ce sujet : « Donner la théorie de la vibration des
plaques élastiques et comparer les résultats à l'expérience. » Lagrange disait qu'il faudrait imaginer une
nouvelle analyse, pour résoudre la question.

Une femme osa seule concourir sur le sujet posé et
elle fit preuve d'une intelligence vive et tenace. Son
équation est d'abord défectueuse, puis Sophie Germain
mérite une mention honorable et enfin, en 1815, le
grand prix lui est décerné. Dans la commission, Pois-
son, qui a été aussi un des promoteurs de la physique
mathématique, se montra seul peu bienveillant.

A la suite, la mathématicienne développa et précisa
sa théorie dans quatre mémoires successifs qui sont trop

techniques pour être analysés devant vous. Dans un cinquième mémoire, Sophie Germain calculait l'influence d'une épaisseur variant tout le long de la plaque. Ce mémoire resta égaré longtemps et c'est M. G. de Courcel qui l'a découvert récemment, à la Bibliothèque des Ponts et Chaussées dans les papiers de de Prony, et qui l'a publié. Du reste, on avait aussi perdu la trace d'une note de Sophie sur une expérience de Weastone relative encore à l'élasticité et on l'a retrouvée à Londres, au British Museum.

Les personnes curieuses de plus de détails pourront consulter l'*Histoire de l'élasticité* par Todhunter, où se trouvent résumés avec soin tous les mémoires de Mademoiselle Germain.

Les mathématiques pures ont aussi attiré Sophie Germain qui s'est surtout exercée sur l'arithmétique supérieure c'est-à-dire la théorie profonde des nombres. Elle n'a pas trouvé, elle non plus, la démonstration du Théorème de Fermat qui résiste encore à tous les efforts, mais elle a rencontré en chemin de jolies propositions, telle que celle-ci : « Tout nombre entier $x^4 + 4$ est le produit de deux nombres entiers. »

La correspondance de Gauss et de la jeune Française contient aussi d'intéressantes études. Dans la *Théorie des nombres* de Legendre, il y a un mémoire d'elle, dans le second supplément. Le Journal de mathématiques de Crelle a publié aussi plusieurs de ses travaux.

Auguste Comte a été un admirable examinateur d'entrée à l'École polytechnique, au moins pendant les premières années. On raconte qu'une dame, curieuse de ces examens, s'était déguisée en homme pour y assister. Elle résumait ainsi ses impressions : « Il semble à chaque instant inventer les mathématiques. »

La sage Sophie Germain allait, elle aussi, jusqu'à sacrifier son sexe à la science. Lorsqu'elle correspondait avec Lagrange, Legendre ou Gauss, elle signait « un élève de l'École polytechnique », ou plus simplement : « Le Blanc. »

Pendant la campagne d'Iéna, contre la Prusse, Sophie, dont le cœur n'avait pas été desséché par les mathématiques, pensa à la fin tragique d'Archimède et trembla pour Gauss qui habitait Brunswick. Elle écrivit une lettre pressante à un ami de sa famille, le général Pernetti qui assiégeait alors Breslau. Le général s'empressa de détacher un de ses officiers vers Gauss, de la part de Sophie Germain, pour le rassurer. Le géomètre déclara qu'il ne connaissait qu'une Française s'occupant de science, Madame Lefrançais de Lalande, qui a réduit plus de dix mille étoiles et inséré des Tables horaires dans le Traité de navigation de son oncle, le grand Lalande. Une explication était inévitable et voici un extrait de la lettre que reçut Gauss : « ..... je ne vous suis pas aussi parfaitement inconnue que vous le croyez. Craignant le ridicule attaché au titre de femme savante, j'ai autrefois emprunté le nom de M. Le Blanc pour vous écrire et vous communiquer des notes qui, sans doute, ne méritaient pas l'indulgence avec laquelle vous avez bien voulu y répondre.....

J'espère que la singularité dont je vous fais aujourd'hui l'aveu ne me privera pas de l'honneur que vous m'avez accordé sous un nom emprunté.....

Votre très humble servante.

SOPHIE GERMAIN.

Notre héroïne s'est révélée comme un philosophe des plus distingués dans son écrit posthume : *Considérations sur l'état des lettres et des sciences aux différentes époques de leur culture*. Une première édition, assez défectueuse, a été publiée par un parent, le député Lherbette et une autre récente, déjà épuisée, par M. Stupuy. Cette seconde édition est précédée d'une très intéressante préface et suivie d'un choix de lettres et de pensées. Sophie Germain soutient la thèse de l'unité dans les manifestations de la pensée humaine. « Pour qui comprend ce livre, dit M. Liard, il est une synthèse à larges traits des doctrines qui allaient bientôt se disputer la prééminence. Par certains côtés, il prépare la philosophie positive et, par d'autres, il se rattache à cette philosophie rationnelle... qui prétend trouver dans l'homme la mesure de la vérité. » Dans son Cours de philosophie positive, Comte revendique Sophie Germain comme un précurseur de cette philosophie. Voici ce que M. Ravaisson dit à son tour :

De nos jours, une femme a eu un sentiment profond de cette doctrine qu'il y a, au fond de toute connaissance, un absolu. « Il existe en nous, dit Sophie Germain, un sentiment profond d'unité, d'ordre et de proportion qui sert de guide à nos jugements. Nous y trouvons : dans les choses morales, la règle du bien ; dans les choses intellectuelles, la connaissance du vrai ; dans les choses de pur agrément, le caractère du beau. » Et après avoir indiqué ce qu'il y a de contradictoire dans les théories d'après lesquelles il n'y aurait que des vérités relatives, elle fait voir qu'il y a nécessairement un type d'après lequel nous jugeons, nous comparons, nous mesurons, et que ce type nous le trouvons dans la conscience que nous avons de notre propre être. « Doutera-t-on que le type de l'être ait une réalité absolue lorsqu'on voit la langue des calculs faire jaillir d'une réalité qu'elle a suivie toutes les réalités liées à la première par une essence commune? » Le progrès de la Science, c'est de tout ramener par l'observation et le calcul à l'unité de ce type, « qui a son modèle dans le sentiment de notre propre existence. L'être nous appartient, il pénètre notre intelligence et l'éclaire du flambeau de la vérité. Les idées du beau, du bon sont plus compliquées : nous les devons à la comparaison entre les connaissances acquises et notre modèle intérieur. » Et encore : « C'est à l'uniformité des conditions de l'être qu'il faut rapporter le sentiment d'analogie qui dirige toutes les opérations de notre entendement. Aujourd'hui que différentes branches de la physique sont entrées dans le domaine des sciences mathématiques, on voit avec admiration les mêmes intégrales, à l'aide des constantes fournies par plusieurs genres de phénomènes, représenter des faits entre lesquels on n'aurait jamais soupçonné la moindre analogie. Leur ressemblance est alors sensible, elle est intellectuelle, elle dérive des lois de l'être ; et ce qui fut autrefois le rêve d'une imagination hardie, incertaine encore des formes qu'elle osait revêtir, l'identité des rapports de l'ordre et des proportions dans les existences les plus diverses, apparaît aux yeux en même temps qu'à la pensée, avec l'évidence qui appartient aux sciences exactes. »

Sophie Germain a laissé des *Pensées* . En voici deux seulement. « L'algèbre n'est qu'une géométrie écrite, la géométrie n'est qu'une algèbre figurée. » Ailleurs : « La langue mathématique est celle de la raison dans toute sa pureté ; elle interdit la divagation, elle signale l'erreur involontaire ; il faudrait ne pas la connaître pour la faire servir à l'imposture. »

Il y a enfin la *Correspondance* entre la mathématicienne et ses divers collègues, pleins de déférence pour elle. On trouve là force détails intéressants sur l'histoire des sciences, au commencement de ce siècle.

Au concours d'agrégation des jeunes filles, en 1891 (Ordre des sciences), on demandait d'étudier cette opinion de Sophie Germain : Que l'esprit humain, dans sa marche vers le vrai, ne connaît qu'une seule voie, et que la séparation qu'on prétend faire entre les facultés de l'esprit n'a rien de réel. « Dirigées vers le même but (la vérité), nos recherches dans les différents genres d'études emploient des procédés qui sont les mêmes. Les oracles du goût ressemblent aux arrêts de la raison. »

Aux écoles de Fontenay et de Sèvres, quelques jeunes filles choisies reçoivent cet enseignement méthodique qui facilite les travaux ultérieurs. J'aurais aimé à être entendu des élèves des sections des sciences de ces deux écoles. Plusieurs auront certainement plus tard le goût de la recherche personnelle.

Insensible à la louange, Sophie Germain n'a jamais aimé la vérité que pour elle-même. Il paraît qu'un érudit, Ansse de Villoison, l'a réellement peinée en la poursuivant de ses vers grecs.

Une terrible maladie, un cancer au sein, attaqua la géomètre qui se montra stoïcienne. Elle se savait perdue et travaillait toujours ; elle recevait ses amis dans son modeste salon et leur souriait encore. Lherbette va cependant trop loin, lorsqu'il affirme que c'est pour tromper ses douleurs qu'elle a écrit hâtivement son livre philosophique. Le manuscrit, corrigé plusieurs fois, est en effet déposé à la Nationale.

Sophie Germain est morte le 17 juillet 1831, à une heure du matin, rue de Savoie, numéro 13, à 55 ans. L'employé de l'état civil n'a pas voulu inscrire la profession de *mathématicienne*, sur l'acte mortuaire ; celle de *rentière* lui a paru à la fois plus claire et plus digne.

Terminons en citant quelques opinions compétentes sur Sophie Germain. Biot : « Mademoiselle Germain est probablement la personne de son sexe qui a pénétré le plus profondément dans les mathématiques, car ici il n'y a point de Clairaut. » Chasles : « Elle fut plus profonde mathématicienne que la marquise du Châtelet et que Mademoiselle Agnesi ; elle avait l'esprit philosophique de cette dernière. » Navier : « J'apprécie autant qu'il le mérite un mémoire aussi remarquable que peu d'hommes peuvent lire et qu'une seule femme pouvait écrire. » De Prony l'appelle l'Hypatie du dix-neuvième siècle. Un livre d'analyse de Poinsot a pour épigraphe : « Sophiæ germana mathesis. » Il y a peut-être là un calembour laudatif ?

Au cimetière du Père Lachaise, on a réparé et fleuri le tombeau. Une plaque commémorative a été fixée à la maison mortuaire. Une école supérieure de filles porte le nom de Sophie Germain et une rue s'appelle de même.

On n'avait pas de portrait de la savante mais on avait son masque phrénologique, dans la collection du Muséum. Zacharie Astruc vient de faire un buste, d'après ce moulage. Sophie a un grand front, des sourcils accentués, le nez long est un peu courbé, le haut du visage large ; elle est grave, pensive, presque sévère.

Pour construire la tour Eiffel, les ingénieurs ont utilisé l'élasticité des métaux. On a inscrit sur la tour les noms de 72 savants ; on a oublié celui d'une fille de génie, la théoricienne de l'élasticité.

MARY SOMERVILLE

L'amiral écossais Fairfax, prisonnier des Français puis échangé, venait de reprendre la mer, lorsque sa fille Mary vint au monde, en 1780. Toute la jeunesse de l'enfant s'est écoulée à Burnisland. C'est un petit port tranquille, à l'opposé d'Édimbourg, les mœurs y étaient primitives, les huîtres y coûtaient un sou la douzaine.

Le père revenait de temps en temps : il soignait son jardin de tulipes et de roses ; il réconfortait sa femme les soirs d'orage, « Peg, prends ce grog, tu vas entendre rat-tat-too » ; il disait que Dieu nous donne les aliments mais que le diable envoie les cuisinières pour les préparer.

Mary Fairfax fait des collections, observe les astres et a un petit laboratoire dont l'unique cornue éclate. Elle porte un corset terrible, elle a un maître à danser et elle fait quatre heures de piano par jour. Ce qui vaut mieux, elle confectionne ses habits elle-même et elle apprend la cuisine chez un pâtissier.

Pendant une visite chez une amie de sa mère, elle voit à la fin d'un journal de modes une espèce de problème avec des x et des y, entremêlés de petits traits diversement orientés ; elle interroge et on lui répond : cela s'appelle de l'algèbre, ne m'en demandez pas plus long ! D'autre part, son maître de dessin ne cessait de lui répéter : « Étudiez Euclide, base de la perspective, de la mécanique et de l'astronomie. » Le précepteur de ses frères lui procure enfin ce fameux Euclide et l'algèbre de Bonycastle. Mary était sauvée, elle dévorait les deux livres surtout la nuit ; on lui supprima la chandelle, elle dut travailler de tête. « Peg, dit un jour le père, il faut couper court à ce travers, si nous ne voulons pas que Mary devienne folle, comme ce malheureux X dont la longitude a troublé la cervelle. »

❧

Mary Fairfax dut épouser un certain Greig, qui n'avait pas bonne opinion de l'intelligence des femmes. Le pauvre trousseau contenait un scha. d'hiver qu'elle vendit pour acheter le portrait de son père l'amiral. Elle continua à étudier quand même, à Londres, dans une chambre mal ventilée. Elle nourrissait son second garçon, lorsque Greig mourut.

La veuve retourna en Écosse et le Journal de mathématiques de Wallace lui décerna bientôt un prix de problèmes. Nous avons des journaux qui proposent ainsi des questions à leurs abonnés et je remarque que des jeunes filles les résolvent souvent. Wallace conseilla à la lauréate d'acheter des traités français, c'est ce qu'elle fit et chacun la trouva de plus en plus ridicule ; ces livres sont conservés au Collège de filles de Girton, à Cambridge.

Le second mariage de Mary avec son cousin Somerville, ancien médecin de marine, fut des plus heureux.

Le nouveau mari encourageait, aidait et admirait sa femme. Il fut le modèle des *préparateurs*.

Madame Somerville avait toujours aimé les choses de la mer. Lorsque Parry partit pour les mers polaires, elle lui offrit plusieurs caisses de marmelade d'oranges, de sa composition. Le marin appela île Somerville une île glacée qu'il découvrit : Un bienfait n'est jamais perdu.

En bons anglais, les époux Somerville voyagèrent beaucoup sur le continent. Ils parcoururent plusieurs fois la France, l'Allemagne, la Suisse et l'Italie où ils finirent par se fixer.

Madame Somerville a laissé des mémoires, *Personal recollections*, qui ont été complétés et publiés par sa fille Martha. Ce livre, fort intéressant, est épuisé. *La Revue britannique* avait commencé, dans le temps, à en publier des extraits qu'elle a brusquement suspendus.

J'emprunterai aux Mémoires seulement deux anecdotes et les noms de quelques dames qui se sont occupées de science.

Laplace donna à dîner à Arcueil à M. et à Madame Somerville. En causant avec sa voisine, il lui déclara que deux femmes seulement avaient étudié sa *Mécanique céleste*. « Elles étaient, chose singulière, toutes deux écossaises ; l'une s'appelait mistress Greig et l'autre, c'est vous, Madame. »

Certaines dames de Paris s'occupaient alors de politique et la coterie légitimiste était très rebelle. On l'avait surnommée *robes de résistance* (en français, dans le texte.)

Mrs Sabine a traduit le *Cosmos*; elle a fait aussi des calculs de magnétisme pour son mari.

Mrs Marcet est l'auteur de ces *Conversations de chimie* qui ont révélé le jeune Faraday à lui-même.

Madame Biot a traduit de l'allemand un livre scientifique. La traduction a paru sous le nom de M. Biot.

Caroline Herschel a été l'aide de son frère William, le grand astronome ; elle est morte centenaire.

Adda Byron, devenue Lady Lovelace, a décrit la machine à calcul de Babbage.

Madame Lavoisier a gravé les dessins du Traité de chimie et, après la mort de Lavoisier, sur l'échafaud révolutionnaire, elle a réuni plusieurs de ses mémoires et a écrit la préface de la collection. Sur le tard, cette veuve a épousé Rumford ; cette nouvelle union n'a pas été heureuse.

Mademoiselle de Rigny a préparé seule à l'École polytechnique son frère, l'amiral.

Nous nous bornerons là, quoique la liste soit plus longue.

❧

Au livre de Newton a succédé la *Mécanique céleste* de Laplace où, en cinq volumes, les mouvements de tous les astres sont minutieusement détaillés, en tenant compte des perturbations. On peut calculer ainsi, à l'aide de séries dont on prend les premiers termes, les positions des planètes et de la lune, plusieurs siècles à l'avance. Le marin peut alors se guider sûrement à travers les mers.

Lord Brougham, en homme pratique, eut l'idée de faire faire en anglais une réduction populaire du livre de Laplace et il s'adressa à Madame Somerville. Celle-ci répondit : « J'estime que l'ouvrage n'est pas susceptible d'être vulgarisé, puisque le lecteur doit connaître le calcul infinitésimal et qu'en outre Laplace ne donne aucune figure. Cependant, puisque vous et mon mari le désirez, j'essaierai quand même, à la condition que la chose restera secrète et que, si j'échoue, ce que je crains fort, mon manuscrit sera jeté au feu. » Le *Mechanism of heavens* (mécanisme des cieux) a paru en 1831. Herschel déclare « qu'il a lu avec admiration ce livre écrit pour la postérité et qu'il regrette que Laplace soit mort. » La mécanique céleste de Madame de Somerville devint vite classique et on m'assure qu'elle sert encore de text-book à Cambridge. Ce livre a son originalité propre, puisqu'il donne, en un seul tome, l'esprit des méthodes de Laplace, les calculs fondamentaux et les figures nécessaires.

Ce qu'une française avait fait pour Newton, une anglaise l'a fait à son tour pour Laplace. C'est là un échange de bons procédés.

Madame Somerville ne s'est pas seulement occupée d'astronomie, elle a approfondi les sciences physiques. *L'Étude chimique et magnétique du soleil*, d'après les raies du spectre nous a valu, à diverses époques, plusieurs mémoires, dans les *Transactions philosophiques*.

De la connexion des forces physiques, tel est le titre d'un livre où Madame Somerville s'attache à montrer la liaison des diverses sciences physiques. Il a été traduit en français par Madame Meulien, avec des notes d'Arago.

La Géographie physique a eu de nombreuses éditions, dont l'une à Calcutta. Quand le *Cosmos* parut, le premier mouvement de Madame Somerville fut de jeter son travail au feu, elle eut raison de se retenir. En effet Humboldt lui écrivit : « Le sentiment de précision que vos habitudes de géomètre vous ont si profondément imprimé pénètre tous vos travaux..... Vous dominez dans ces régions comme en météorologie et en magnétisme. »

C'est en 1869 que Madame Somerville a publié sa dernière œuvre, *Science moléculaire et microscopique*.

Tous les livres de Mary Somerville sont empreints d'optimisme religieux. Une de ses épigraphes est empruntée à Saint-Augustin : « Deus magnus in magnis, maximus in minimis. » Elle dit ailleurs que « par les sciences, l'homme s'élevant dans ce monde au-dessus des choses basses et périssables, se prépare à sa haute destinée dans l'autre. » Ailleurs encore : « Rien ne m'a donné une preuve aussi convaincante de l'unité de la Divinité que les conceptions mathématiques, qui, n'ayant été accordées à l'homme que par degrés, ont existé de tout temps dans l'esprit omniscient du Créateur. »

Cette chrétienne était d'une tolérance aimable ; ce n'était pas une prédicante. « Je n'ai jamais pu, assure-t-elle, supporter un sermon un peu long. »

❧

Madame Somerville est morte à Naples, en 1872, à 92 ans. Cette quasi centenaire a travaillé sans fatigue jusqu'à sa dernière heure. On peut répéter pour elle le vers du poète :

> Rien ne trouble sa fin, c'est le soir d'un beau jour.

La savante a eu tous les honneurs. La reine d'Angleterre lui a fait une pension, sur sa liste civile. Victor Emmanuel lui a offert une grande médaille d'or. Elle faisait partie de la plupart des académies. Humboldt a affirmé que « Dans les mathématiques pures, Madame Somerville est tout à fait supérieure. » Un navire a porté son nom, mais il n'est pas revenu des mers de l'Inde.

Un buste de Chantrey et un portrait de Surton nous représentent Mary Somerville. Elle est restée belle longtemps, avec un front un peu bas, mais large, et une physionomie régulière, calme et douce.

Il y a à Oxford un collège Somerville-Hall pour les jeunes filles. Il y a aussi à Londres un Club Somerville ; c'est un cercle original où les dames se réunissent seules, mangent et boivent, lisent et font des conférences, loin des gentlemen. Les Françaises ne seraient pas assez cruelles pour éloigner ainsi leurs serviteurs.

SOPHIE KOWALEVSKI

Sophie Corvin-Krukowski est née à Moscou, en 1850
(et non en 1853, comme on l'a imprimé par erreur).
C'est un heureux exemple d'atavisme. Son grand an-
cêtre, Mathias Corvin, le roi de Hongrie, fut un guer-
rier protecteur des Lettres et des Sciences. Son père
était général d'artillerie, commandant l'Arsenal. Sa
mère, d'origine allemande, était fille du général Schu-
bert, mathématicien et topographe, et petite-fille de
l'astronome connu qui porte le même nom.

Sophie a vécu jusqu'à quinze ans dans la propriété
patrimoniale de Palibino (Russie occidentale) où le général Corvin-Krukowski avait pris sa retraite, encore
jeune. Il paraît que l'enfant aimait peu la soupe et
qu'elle était taxée à douze cuillerées par jour. Elle a appris à lire seule : elle demandait les diverses lettres,
marquées sur le journal de son père, tantôt à l'un, tantôt à l'autre ; elle en essayait les combinaisons et, un
beau jour, l'imprimé n'eut plus de secrets pour elle. On
l'amena entendre l'opéra de Don Juan dont elle ne
comprit pas toute la portée amoureuse, puisque quelque temps après, elle disait à son père : « Tu sais, le
petit Paul, quel don juan d'enfant ! On lui a donné
une tartine beurrée, il a mangé le beurre et laissé le
pain. »

C'est à quatorze ans que Sophie Krukowski a commencé les mathématiques, avec un certain Malewitch. Un jour, elle lui a proposé une méthode à elle pour calculer le rapport de la circonférence au diamètre et le professeur ayant dit que c'était un peu indirect, l'enfant a fondu en larmes. En étudiant seule un livre contenant quelques formules trigonométriques, elle a deviné la trigonométrie, sans être aidée.

Le château de Palibino fut une fois tapissé à neuf presque en entier, mais il manqua du papier de tenture pour la chambre des enfants. On y suppléa à l'aide des cahiers autographiés d'analyse du général, alors qu'il était étudiant. Sophie aimait à regarder ces hiéroglyphes, malgré sa gouvernante anglaise. « Il est assez étrange, dit-elle dans ses mémoires, que, lorsqu'à seize ans je commençai l'étude du Calcul différentiel, mon professeur fut étonné de la rapidité avec laquelle je le compris, comme si j'avais une réminiscence de ce qu'il me disait. La continuelle lecture des papiers collés sur les murs avait certainement laissé des traces inconscientes dans mon esprit d'enfant. »

En 1868, Sophie Krukowski épousa Kowalevski, parce qu'il n'était permis qu'aux dames de suivre les Cours des Universités. Ces jeunes mariés étaient bien sérieux : ils convinrent de vivre comme frère et sœur jusqu'à la fin de leurs études ; il serait temps plus tard de devenir vraiment mari et femme. Ils commencèrent par aller étudier ensemble à Heidelberg. Ils continuèrent à Berlin où l'éminent géomètre Weierstrass consentit à donner, pendant trois ou quatre ans, des leçons particulières à Sophie Kowalevski, qu'il ne savait pas mariée.

Dans le temps, l'Université de Gœtingue avait déclaré Dorothea Schlœzer, docteur en philosophie et maîtresse ès arts libéraux. Elle s'empressa de recevoir à son tour Sophie Kowalevski, sans oral, mais sur la production de trois thèses originales, très remarquables, dont nous parlerons plus loin.

Il paraît que cette année même, Fraulein Windscheid a aussi conquis le grade de docteur en philosophie, devant la même Université. Les bons exemples sont contagieux.

Monsieur Kowalevski était devenu de son côté un paléontologue distingué. Malheureusement il avait engagé toute sa fortune dans l'affaire des naphtes du Caucase. Complètement ruiné, il fut acculé au suicide, en 1883. Il laissait dans le dénuement sa femme et une enfant qui s'appelait aussi Sophie. Le professeur Mittag-Leffler parvint alors à obtenir pour Sophie Kowalevski une chaire de mathématiques supérieures, à Stockholm.

Nous allons énumérer les mémoires mathématiques de Madame Kowalevski. Les trois premiers sont ses thèses inaugurales.

Sur les systèmes d'équations aux différentielles par-

tielles est un travail important inséré dans le livre de M. Mansion.

Vient ensuite la *Réduction d'une classe de fonctions elliptiques en fonctions abéliennes.*

La troisième thèse est relative aux *Anneaux de Saturne.* Elle est reproduite dans la *Mécanique céleste* de M. Tisserand, ce beau livre qui, remplaçant celui de Laplace, fait honneur à la fin de notre siècle.

J'ouvre en ce moment une parenthèse pour vous rappeler que Mademoiselle Klumpke a été reçue docteur ès sciences, à Paris, en continuant à étudier ces mêmes anneaux si compliqués. Le doyen, M. Darboux, un des premiers géomètres de notre temps, a dit à la nouvelle doctoresse : « Mademoiselle, vous vous êtes occupée d'une des questions les plus intéressantes de l'astronomie. Les grands noms de Galilée, d'Huygens, de Cassini, de Laplace..... sont attachés à l'histoire de chacun des progrès sérieux dans cette théorie aussi attrayante que difficile des anneaux de Saturne..... Au siècle dernier, Mlle Marie Agnesi nous a donné un traité de calcul différentiel et intégral. Depuis, Sophie Germain..... s'est attiré l'estime des géomètres qui honoraient notre pays au commencement de notre siècle. Il y a quelques années à peine l'Académie des sciences... décernait un de ses plus beaux prix à Mme Kowalevski dont le nom sera placé à côté de ceux d'Euler et de Lagrange dans l'histoire des découvertes relatives à la théorie du mouvement d'un corps solide autour d'un point fixe..... »

Un quatrième mémoire de Madame Kowalevski traite

De la propagation de la lumière dans un milieu cristallin.

Il me tarde d'arriver au cinquième mémoire, le plus remarquable de tous; M. Darboux en a fait un éloge que nous venons de citer. En 1888, le sujet du prix Bordin à l'Académie des sciences était : « *Perfectionner sur un point important la théorie du mouvement d'un corps solide.* » Un des mémoires présentés au concours portait cette devise : « Dis ce que sais, fais ce que dois, advienne que pourra ». Il était de Sophie Kowalevski qui mérita le prix, à l'unanimité, en découvrant « un cas nouveau dans lequel on peut intégrer les équations différentielles d'un corps pesant, mobile autour d'un point fixe. » C'est là une découverte de première importance.

Sophie Kowalevski est aussi *une littéraire*. Elle a écrit en plusieurs langues et tourné même quelques vers français.

Elle nous a donné des *Souvenirs sur George Eliot*, la romancière anglaise.

Væ victis symbolise le combat de la vie, c'est l'hiver ou le printemps. L'auteur préfère l'hiver, c'est-à-dire le repos, le sommeil et l'oubli.

Les *Souvenirs d'enfance* ont paru dans la revue russe *Le Messager d'Europe*. C'est une belle analyse psychologique, digne de Bourget et de Tolstoï.

La famille des Vorontsoff, dont le premier chapitre

a seul paru, est complète en manuscrit. On espère un grand succès pour cette œuvre.

La lutte pour le bonheur est un drame qui a échoué au théâtre.

Il y a enfin des *Voyages*, par exemple à l'Université de Zurich et à l'hôpital de La Salpêtrière.

Une romancière russe, Madame Choubleski, s'étonnant qu'on puisse se livrer à la fois aux mathématiques et aux lettres, a reçu de Madame Kowalevski la lettre suivante :

« Je comprends que vous soyez très surprise de me voir cultiver à la fois les lettres et les mathématiques. Souvent, les personnes qui n'ont pas eu l'occasion de faire ample connaissance avec les mathématiques les confondent avec l'arithmétique et les considèrent comme une science sèche et aride. En réalité les mathématiques exigent beaucoup d'imagination, et l'un des plus grands mathématiciens de notre siècle a pu dire avec raison qu'il est impossible d'être bon mathématicien, si en même temps l'on n'est pas un peu poète.

« Il est vrai que pour comprendre la justesse de cette affirmation, il faut renoncer au vieux préjugé qui voit dans l'imagination et la fiction une seule et même chose, et qui veut que le poète ne chante que ce qui n'existe pas. Il me semble que le poète doit seulement voir ce que les autres ne discernent pas, son regard doit pénétrer plus profondément, et il en est de même pour le mathématicien...

« En ce qui me concerne personnellement, je ne saurais dire ce que j'aime le plus des mathématiques ou des lettres. Dès que ma tête est fatiguée des spéculations abstraites, je me sens attirée vers l'observation de la vie et disposée à prendre la plume. A d'autres moments, tout dans la vie me semble mesquin, insignifiant, et je me réfugie dans la contemplation des lois immuables et éternelles de la science. Peut-être aurais-je pu faire mieux dans chacune de ces deux sphères si je m'étais adonnée exclusivement à l'une ou à l'autre ? Mais, que voulez-vous, je n'ai jamais eu le courage de choisir entre les mathématiques et les lettres. »

Madame Kowalevski ayant passé l'hiver 1890-91 dans le midi de la France, rendit visite, en traversant Paris, à notre maître, M. Joseph Bertrand, dont nous allons fêter la verte et glorieuse vieillesse. Elle lui dit qu'elle comptait enseigner la théorie des nombres dans son prochain cours et elle lui demanda quelques conseils.

Le 6 février 1891, après avoir fait à Stockholm sa première leçon de l'année classique, Sophie Kowalevski, frappée d'une attaque de pleurésie foudroyante, se couche pour ne plus se relever. « Quelques heures après, on courait en toute hâte éveiller *Foufi* (la petite Sophie) profondément endormie après une soirée d'enfants où sa mère avait absolument tenu à l'envoyer..... Les regards de la mourante se fixèrent un instant sur l'enfant puis s'éteignirent. »

Une messe des morts fut dite suivant le rite orthodoxe et la morte fut enterrée au nouveau cimetière.

Madame Kowalevski avait « une belle tête intelligente au front richement bossué, à la bouche expressive, aux yeux changeants, allant du noir au vert, d'une grande douceur et singulièrement pénétrants malgré une visible myopie. » Elle se faisait appeler Sonja, diminutif de Sophie, qu'elle inscrivait sur ses cartes de visite, dans les derniers temps.

Sophie Kowalevski inspirait l'amitié et la confiance. Elle était restée très femme, par son besoin d'être choyée, admirée, aimée.

L'Académie des sciences de Paris a loué non seulement le savoir varié et profond, mais surtout le grand esprit d'invention de Madame Kowalevski. D'autre part, Kronecker déclare que « l'histoire des mathématiques parlera d'elle comme d'une des plus rares investigatrices. » Un de nos livres classiques de hautes mathématiques débute par une démonstration d'elle. Certaines thèses récentes de doctorat français commentent et poursuivent ses recherches.

Trop tôt enlevée, Sophie Kowalevski laisse des travaux peu nombreux, mais excellents et de première importance. Sa puissance de calcul était étonnante ! Elle est certainement supérieure à toutes les mathématiciennes qui l'ont précédée.

La première notice biographique est due à E. de Kerbetz, que nous soupçonnons d'être une femme. M. Mittag-Leffler nous a donné dans les *Acta mathematica* une note sobre et d'une émotion contenue. Une amie, Madame Leffler-Cajanello, qui vient de mourir, a écrit une biographie assez étendue, dont on voudrait effacer quelques détails réalistes. Enfin Madame Pere-jasslowzew, connue par ses travaux en zoologie, se propose à son tour de nous parler de la morte regrettée. On ne saurait trop connaître Sophie Kowalevski.

UN LIVRE A FAIRE

Un mot encore, — un mot que je tiens à dire, — et j'ai fini.

Le chanoine Goujet écrivait en 1728 : « Si l'on voulait rassembler tout ce qui pourrait faire connaître les femmes qui ont cultivé les sciences avec succès,..... on en ferait une histoire assez longue et qui ne serait pas peu intéressante. »

Pour préciser l'influence — plus réelle qu'on ne croit — des femmes sur les progrès des sciences, il faudrait étudier, d'abord et surtout, les *savantes professionnelles*, celles qui ont consacré aux études scientifiques la plus grande partie de leur vie : philosophes, mathématiciennes, physiciennes et naturalistes.

On passerait aussi en revue les *simples curieuses*, qui, livrées à d'autres travaux, ont touché pourtant aux sciences proprement dites. Ainsi Madame de Stael a de belles pages sur la philosophie des sciences ; George Sand était passionnée pour la botanique et la minéralogie.

Viendraient ensuite les *collaboratrices*, qui ont aidé les savants, activement et discrètement. Un mémoire d'astronomie d'Yvon Villarceau commence ainsi : « Les formules sur lesquelles repose ma méthode ont été l'objet de plusieurs applications numériques qui ont été exécutées par Mme Yvon Villarceau, après qu'elle en a eu elle-même vérifié l'exactitude analytique. »

Il ne faudrait pas oublier enfin les *protectrices*, qui ont fondé des prix dans les académies ou répandu leurs bienfaits sous d'autres formes.

Ce livre m'occupe depuis quelque temps. Je recevrais avec reconnaissance les documents, notes ou indications que les personnes s'intéressant au sujet voudraient bien m'adresser au Cercle (*).

Je vous avouerai, Mesdames et Messieurs, que c'était surtout pour vous demander ce secours que j'ai fait la conférence de ce soir.

(*) Cercle Saint-Simon, rue Serpente, 28, à Paris.— On pourra aussi m'écrire à la librairie Nony, rue des Ecoles, 17, à Paris.

TABLE

FIN

DU MÊME AUTEUR, A LA MÊME LIBRAIRIE :

———

MATHÉMATIQUES

ET

MATHÉMATICIENS

PENSÉES ET CURIOSITÉS

2ᶜ ÉDITION

Un vol. in-8 ; 566 pages ; Prix *franco*, 5 francs.

———

EN PRÉPARATION :

MATHÉMATICIENNES

ET AUTRES SAVANTES

*Biographies, portraits, autographes; travaux scientifiques
et autres; inventions et découvertes, etc., etc.*

———

Bar le Duc. — Imprimerie Comte-Jacquet.

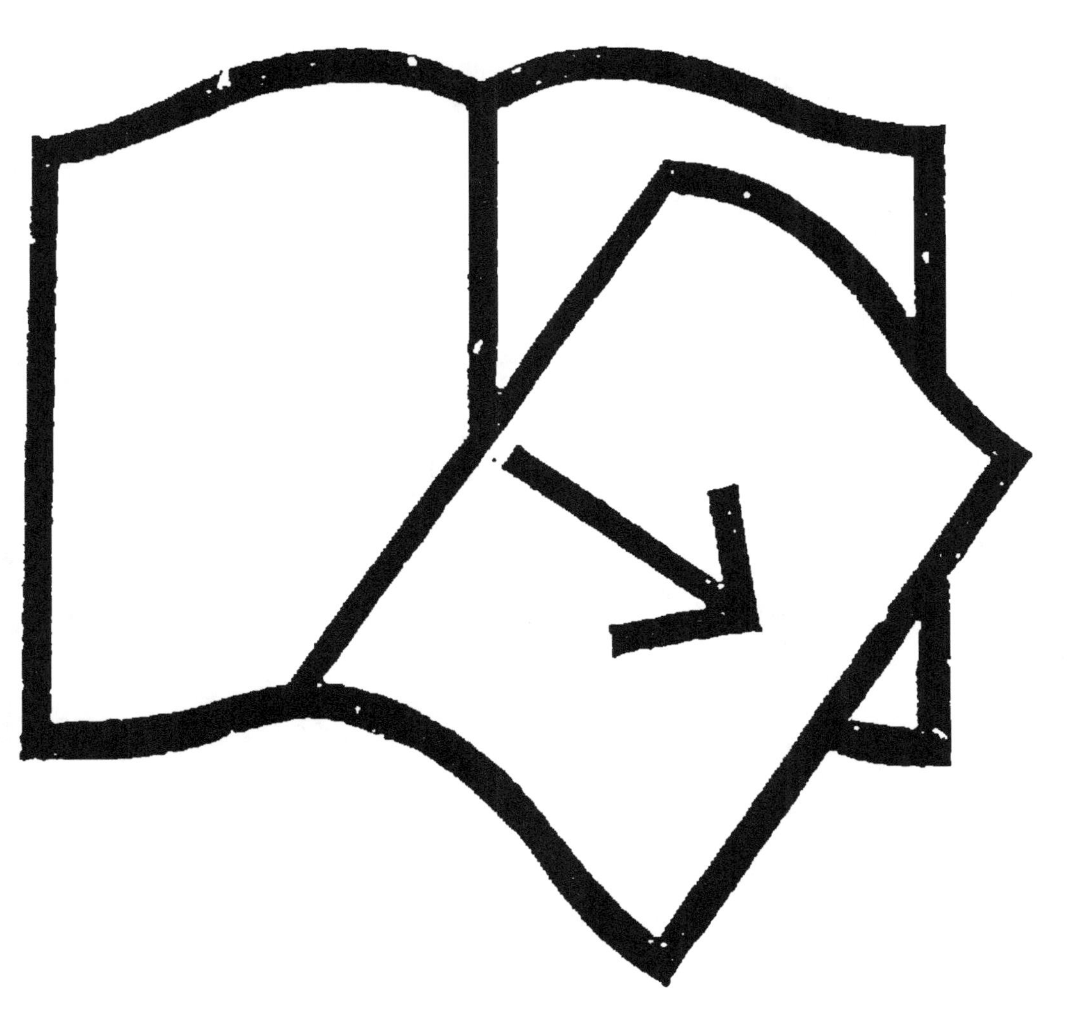

Documents manquants (pages, cahiers...)

NF Z 43-120-13